Y penwythnos

Bethan Clement

2

Nos Wener. Hwre!

Mae'r ffrindiau yn meddwl am y penwythnos.

'Dw i eisiau mynd i'r gêm rygbi.'

'Dw i eisiau mynd i nofio.'

'Dw i eisiau mynd i siopa.'

7

'Dw i eisiau mynd i'r sinema.'

8

'Syniad da.'
'A fi.'
'Gwych.'

'Pa ffilm?'

'Dw i eisiau gweld y ffilm antur.'

'Pryd mae'r ffilm?'
Does dim amser ar y poster.

Maen nhw'n mynd i mewn i'r sinema.

'Prynhawn da.'
'Ga i helpu?'

'Rydyn ni eisiau gweld y ffilm antur.'

'Mae'r ffilm antur yn Sinema 3 heno a nos yfory.'

'Am faint o'r gloch?'
'Am saith o'r gloch.'

Nos Sadwrn.
Mae'r ffrindiau'n mynd i mewn i'r sinema.

Maen nhw'n prynu popcorn.

Maen nhw'n mwynhau'r ffilm.